Susan Niessen, geboren 1967 im Rheinland, studierte Anglistik, Germanistik und Psychologie an der Universität Bonn und arbeitete fünfzehn Jahre als Lektorin in verschiedenen Kinderbuchverlagen. Heute lebt sie als freie Autorin und Lektorin im Münsterland.

Angela Holzmann wurde 1966 in Münster geboren; nach der Ausbildung zur Schauwerbegestalterin und dem nachfolgenden Mode- und Grafikdesign-Studium in München arbeitete sie als Grafik-Designerin in einer Werbeagentur. Seit vielen Jahren ist sie als freie Grafikerin, Illustratorin und Fotografin für verschiedene Verlage tätig. Angela Holzmann ist verheiratet und lebt mit ihrer Familie (drei Söhnen) in München.

© Ellermann Verlag GmbH, Hamburg 2011
Alle Rechte vorbehalten
Einband und farbige Illustrationen von Angela Holzmann
Reproduktion: igoma GmbH, Hamburg
Druck und Bindung: Grafisches Centrum Cuno, Calbe
Printed in Germany 2011
ISBN 978-3-7707-3332-3

www.ellermann.de

Susan Niessen · Angela Holzmann

Kleine
Seeräuber Geschichten
zum Vorlesen

ellermann

Der Rote Robert und der Schatz der »Cabadonga«

Einmal überfielen der rote Robert und seine Seeräuber ein prächtiges Segelschiff namens »Cabadonga«. Im Laderaum fanden sie aber nichts weiter als eine riesige, verschlossene Truhe.

»Das muss ein Schatz sein!«, sagte der rote Robert und die Seeräuber schafften die Truhe auf ihr Schiff.

»Aufmachen!«, befahl der rote Robert. Alle Seeräuber standen um ihn herum, als der Bootsmann mit einem Beil das Schloss zerschlug. Gespannt öffnete der rote Robert den Deckel.

In der großen Truhe war eine kleine Truhe. Zwei Matrosen hoben sie heraus. Sie war auch verschlossen und sehr schwer.

»Das muss ja ein wertvoller Schatz sein«, sagte der rote Robert, »wenn man sogar zwei Schatztruhen für ihn braucht!«

Die Seeräuber rieben sich gierig die Hände. Der Bootsmann brach das Schloss auf und öffnete die kleine Truhe.

In der zweiten Truhe war eine dritte, noch etwas kleinere Truhe.

»Das muss wirklich ein sehr wertvoller Schatz sein«, sagte der rote Robert nachdenklich und ließ den Bootsmann die noch kleinere Truhe öffnen. Aber in dieser noch kleineren Truhe war noch eine Truhe! Jetzt jubelten die Seeräuber nicht mehr. Schweigend sahen sie zu, wie der Bootsmann noch eine Truhe öffnete und noch eine und noch eine. Zum Schluss hatte er ein kleines, silbernes Kästchen in der Hand. Er reichte es dem roten Robert.

»Es muss das ›Feuerauge‹ sein, der größte Edelstein aus der Krone des Königs von Cabadonga«, flüsterte der rote Robert, »wenn man so viele Schatztruhen dafür braucht.«

Alle Seeräuber hielten den Atem an, als er langsam den Deckel des silbernen Kästchens öffnete.

Aber was sah er? Ein lumpiges Stück Papier! Und auf dem Papier stand nur ein einziges Wort: »Ätsch!«

»Quark und Quallenpest!«, schrie der rote Robert und raufte sich vor lauter Wut seinen roten Bart.

Papa ist ein Pirat

»Wann kommt Papa denn endlich?«, frage ich abends im Bett, wenn Mama mir eine Gutenachtgeschichte vorliest. »Bald«, sagt Mama dann, »sobald der Wind ihn nach Hause bläst.«
Mein Papa ist nämlich Seemann und fährt mit einem Schiff über das Meer. Aber es ist kein normales Schiff, auf dem mein Papa fährt.
Es ist ein Schiff mit blutroten Segeln. An Bord sind dreizehn wilde Matrosen. In ihrem Gürtel tragen sie Säbel und Pistolen. Und oben am Mast weht die Totenkopfflagge. Denn mein Papa ist ein Pirat!
Piraten fahren mit ihrem Schiff weit aufs Meer hinaus. So weit, dass sie abends nicht nach Hause kommen können. Sie essen und trinken und schlafen auf dem Schiff. Sie schrubben das Deck und setzen die Segel und polieren die Kanonen. Wenn ein Schiff mit einem Schatz vorbeikommt, überfallen sie es und nehmen den Schatz mit.
Und wenn sie nichts zu tun haben, trinken sie Rum und singen Seemannslieder bis spät in die Nacht.
Wenn mein Papa nach Hause kommt, hat er immer jede Menge Seemannsgarn für mich dabei. So heißen die Geschichten vom wilden Piratenleben. Sie handeln von gefährlichen Kämpfen und schweren Stürmen mit meterhohen Wellen, riesigen Seeungeheuern und wertvollen Schätzen, die auf Inseln vergraben werden.
»Bleibst du jetzt für immer zu Hause, Papa?«, frage ich, wenn Papa abends auf meiner Bettkante sitzt.
»Nein«, sagt Papa, »ich muss doch auf Schatzsuche gehen. Deshalb fahre ich bald wieder weg.«
Ich sage nichts und finde das Piratenleben auf einmal richtig blöd.
»Aber ich komme immer wieder nach Hause«, sagt Papa. »Denn meine allergrößten Schätze sind hier!«
»Wo?«, frage ich und bin auf einmal

wieder hellwach. Papa lacht. »Einer liegt hier in der Koje und macht jetzt die Augen zu. Sonst muss ich ihn leider bei meiner nächsten Reise auf einer Insel vergraben.«
Dann gibt er mir einen Original-Piraten-Papa-Prustekuss und löscht das Licht.

Piratentag

Schon beim Aufwachen weiß Marvin, dass heute Piratentag sein muss. Er hat überhaupt keine Lust, sich zu waschen. Und in den Kindergarten will er auch nicht.
Beim Frühstück schlingt er schmatzend sein Brot hinunter.
»Iss ordentlich«, sagt Mama.
»Piraten essen so«, sagt Marvin. »Sie essen, wie sie wollen.«
»Ist heute Piratentag?«, fragt Mama.
»Heute ist Piratentag«, sagt Marvin und rülpst. Wenn Piratentag ist, darf er sich einen ganzen Tag lang benehmen, wie er will. In den Kindergarten muss er aber trotzdem.
»Hast du dir die Zähne geputzt?«, fragt Mama.
»Piraten putzen sich nicht die Zähne«, sagt Marvin. »Sie gurgeln höchstens mit Rum.«
»Den haben wir gerade nicht«, sagt Mama. »Geht es auch mit Wasser?«
»Ausnahmsweise!«, sagt Marvin.
Im Kindergarten spielt er mit Silvie, Benno und Yannik im Abenteuerzimmer Seeräuber auf großer Fahrt. Sie überfallen ein Schatzschiff und erobern einen sagenhaften Goldschatz. Dann kommen sie in einen großen Sturm und der Schatz fällt über Bord. »Potz, Pech und Pupserei!«, schreit Marvin. Fluchen ist natürlich sonst verboten. Deshalb muss er an Piratentagen immer ein bisschen mehr fluchen, als eigentlich nötig ist.
»Heute habe ich drei feindliche Schiffe versenkt«, erzählt er stolz beim Abendbrot.

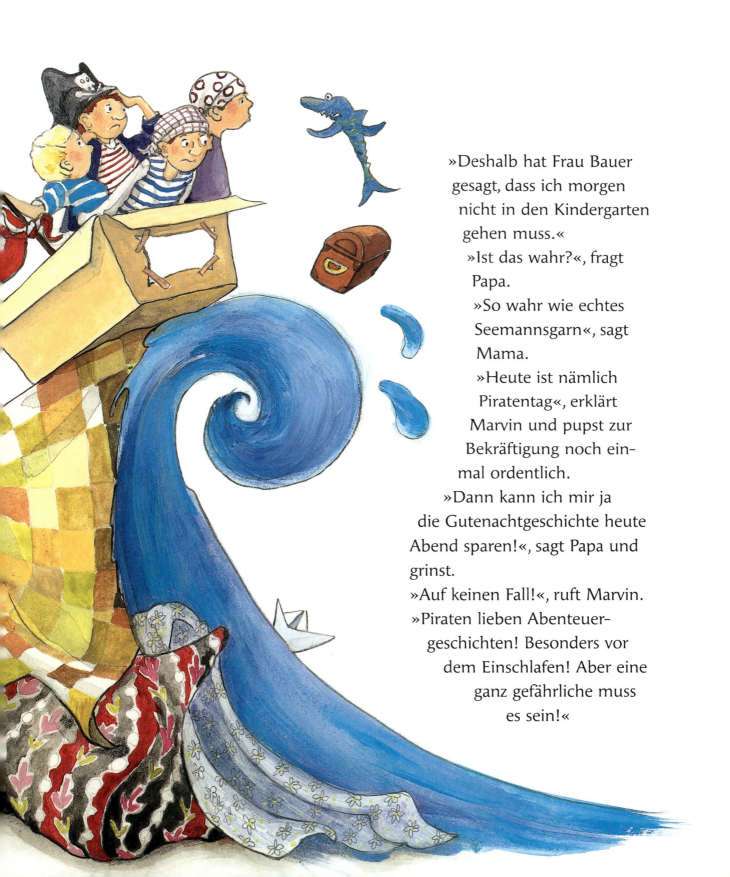

»Deshalb hat Frau Bauer gesagt, dass ich morgen nicht in den Kindergarten gehen muss.«
»Ist das wahr?«, fragt Papa.
»So wahr wie echtes Seemannsgarn«, sagt Mama.
»Heute ist nämlich Piratentag«, erklärt Marvin und pupst zur Bekräftigung noch einmal ordentlich.
»Dann kann ich mir ja die Gutenachtgeschichte heute Abend sparen!«, sagt Papa und grinst.
»Auf keinen Fall!«, ruft Marvin. »Piraten lieben Abenteuergeschichten! Besonders vor dem Einschlafen! Aber eine ganz gefährliche muss es sein!«

Julius findet einen Schatz

»Guck mal, was ich gefunden habe!«, sagt Julius. Er hält eine große, grüne Flasche hoch, die er aus dem Sand ausgegraben hat.
»Wirf sie weg!«, sagt Mama. »Da sind Bakterien drin.«
Julius zieht den Korken aus der Flasche und sieht hinein. Er findet keine Bakterien darin, sondern ein Stück Papier. Er rollt es auseinander. Jemand hat ein großes Haus daraufgezeichnet. Vor dem Haus hängt ein Schild, auf dem ein blauer Wal zu sehen ist.

Julius kennt das Schild. Es hängt vor dem Haus, in dem er gerade mit seinen Eltern in den Ferien wohnt! Auf dem Bild ist auch noch ein Garten mit drei Bäumen zu sehen. Unterhalb des Baumes neben dem Zaun ist ein dickes rotes Kreuz eingezeichnet.
»Guck mal!«, sagt Julius. »Eine Schatzkarte!«
»Schön hast du das gemalt!«, sagt Mama. »Aber jetzt komm her, ich muss dich eincremen!«
Abends rennt Julius gleich in den Garten zu dem Baum neben dem Zaun. Mit seiner Sandschippe fängt er an zu graben. Er gräbt und gräbt. Gerade als er mit der Schaufel auf etwas Hartes stößt, kommt Mama in den Garten.

»Was wird das, wenn es fertig ist?«, fragt Mama und sieht stirnrunzelnd auf die fünf großen Löcher, die er rund um die Tanne gegraben hat.
»Ich finde einen Seeräuberschatz«, sagt Julius und gräbt jetzt mit den Händen. »Guck mal, hier ist er!«
Er legt eine braune Kiste auf den Rasen. Gespannt nimmt er den Deckel ab.
In der Kiste ist ein schwarzes Tuch. Julius wickelt es auf. Es ist eine Totenkopfflagge. Ein kleiner goldener Schlüssel fällt heraus.
»Jetzt muss ich nur noch die Schatztruhe finden!«, ruft Julius aufgeregt. Mama nimmt ihm die Schaufel aus der Hand. »Aber erst essen wir zu Abend!«
Was meinst du – ob Julius die Schatztruhe noch findet? Und was ist wohl drin?

Wer ist der Größte?

Rocko Banauso war der gefährlichste Seeräuber der ganzen Nordsee. Zwischen Holland und Helgoland fingen alle Seefahrer an zu zittern, wenn sie nur seinen Namen hörten. Alle bis auf Hinni Verhoutsi. Hinni Verhoutsi war der zweitgefährlichste Seeräuber der ganzen Nordsee und er schnappte Rocko Banauso oft die beste Beute vor der Nase weg. Deshalb konnte Rocko Banauso ihn nicht ausstehen. Einmal entdeckte Rocko Banauso ein Handelsschiff, das mit einer Ladung Samt und Seide aus dem Gelben Meer kam.
Er setzte die Piratenflagge, segelte heran, fuhr die Kanonen aus und eröffnete das Feuer. Seine Männer schwangen schon die Enterhaken, um auf das Schiff hinüberzuspringen, da tauchte neben ihm auf einmal das Schiff von Hinni Verhoutsi auf.
»Aus dem Weg, Sumpfratte!«, schrie Hinni Verhoutsi. »Mach Platz für den größten Seeräuber aller Zeiten!«
»Pfoten weg, du Pestbeule!«, brüllte Rocko Banauso. »Das ist meine Beute! Ich war zuerst hier!«
»Aber ich werde zuerst an Bord sein!«, rief Hinni Verhoutsi. »Klarmachen zum Entern, Männer!«
»Das werden wir ja sehen!«, schrie Rocko Banauso. »Der größte Seeräuber aller Zeiten bin immer noch ich!« Schnell wendete er sein Schiff und feuerte eine Ladung Kanonenkugeln auf das Schiff von Hinni Verhoutsi ab. Hinni Verhoutsi schüttelte die Fäuste.
»Zum Angriff, Seeräuber!«, brüllte er. »Denen werden wir es zeigen!« Wutschnaubend schwangen sich seine Männer auf das Schiff von

Rocko Banauso und fielen mit lautem Gebrüll und rasselnden Säbeln über die anderen Seeräuber her. Der Kapitän des Handelsschiffs nutzte die Gelegenheit und segelte schnell davon.

Aber das merkten Rocko Banauso und Hinni Verhoutsi erst, als sie aufhörten, sich zu prügeln.
»Weißt du was«, schnaufte Rocko Banauso, »wir sind doch beide die größten …«
»Dummköpfe!«, ergänzte Hinni Verhoutsi. »Nächstes Mal tun wir uns zusammen und teilen die Beute.« Und dann spendierte er ein großes Fass Rum für alle – auch für die Seeräuber von Rocko Banauso.

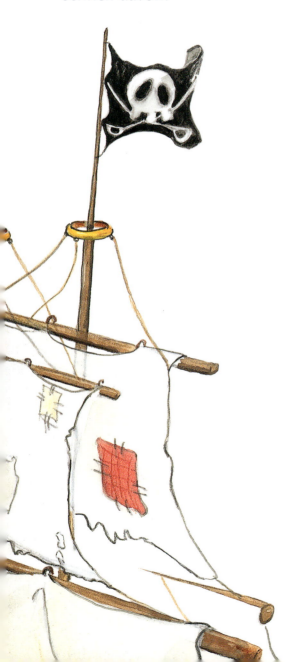

Rosa, die Schreckliche

Leon und Philipp sind gerade dabei, ihr Seeräuberschiff zu beladen. Rosa langweilt sich.

»Kann ich mitfahren?«, fragt Rosa.

»Wir brauchen keinen Schiffsjungen«, sagt Leon.

»Nein, aber ein Schiffsmädchen.«

»Das erst recht nicht. Mädchen können keine Seeräuber sein.«

»Warum nicht?«

»Weil das Meer blau ist und nicht rosa«, kichert Philipp und trägt Gewehre und Säbel aufs Schiff.

»Wer sagt eigentlich, dass es blau sein muss?«, fragt Rosa.

Sie geht in ihr Zimmer und reißt alle Seiten aus ihrem Malblock. Dann klebt sie alle Seiten zu einer riesengroßen Seite zusammen, legt sie auf den Boden und holt ihre Farben.

»Ich werde Seeräuberin«, sagt sie zu ihrem Kaninchen.

»Das hier ist mein Schiff, die ›Pinkeplank‹. Sie hat einen goldenen Mast und rosa Segel, denn sie gehört Rosa, der Schrecklichen!«

Sie hebt das Kaninchen aus seinem Käfig, damit es besser sehen kann.

»Hier ist meine Seeräuberinnenflagge, eine blutrote Rose! Und das bin ich in rosa Pluderhosen.«

Das Kaninchen hebt den Kopf und sieht sie erwartungsvoll an.

»Ja, du kommst auch mit! Du bist mein Steuermann, siehst du, hier stehst du! Möchtest du eine Augenklappe? Bitte schön. Und rosa Ohrenwärmer, wegen dem Wind.«

Das Kaninchen schnuppert. »Das Schiff sieht noch ein bisschen langweilig aus, findest du nicht?« Rosa malt bunte Blumen und Schmetterlinge auf den Schiffsrumpf. Dann taucht sie den Pinsel tief in die rosa Farbe.

»Und das ist das große, gefährliche rosarote Meer! Hier ist die Korallen-insel, unser Zuhause. Hier grasen die Hasen, siehst du? He, wer kommt denn da? Wenn das nicht die Schiffe von Philipp, dem Pups, und Leon Schlotterbacke sind. Die haben hier aber gar nichts verloren!«
Das Kaninchen hoppelt los, einmal quer über das rosa Meer. Rosa, die Schreckliche, lächelt gefährlich.

»Ja! Und deshalb wird sie jetzt gleich das riesenohrige rote Seemonster verschlingen!«

Der Flautenflunkerer

Auf dem Schiff des berühmten Seeräuberkapitäns Schwarzbart fuhr einmal ein Steuermann, den alle nur Flunker-Tom nannten. Er konnte so spannende Lügengeschichten erzählen, dass die anderen Seeräuber alles stehen und liegen ließen, um ihm zuzuhören.

»Flunker noch ein bisschen für uns!«, baten sie oft.
»Nur bei Flaute!«, sagte Flunker-Tom dann. Denn er war ja der Steuermann. Er musste am Ruder stehen und das Schiff steuern.

Das ist eine wichtige und anstrengende Aufgabe, fürs Flunkern ist da keine Zeit. Aber bei Flaute – so heißt es in der Seemannssprache, wenn kein Wind weht – hatte Steuermann Tom

nichts zu tun. Und alle anderen auch nicht, denn ohne Wind in den Segeln kann ein Segelschiff nicht fahren. Einmal wehte ein besonders schlimmer Sturm. Eine ganze Woche lang hatte Steuermann Tom alle Hände voll zu tun, das Schiff auf Kurs zu halten. Dann endlich ließ der Wind nach. Die See war spiegelglatt. Die Piraten lagen an Deck in der Sonne und langweilten sich.
»Flunker ein bisschen für uns, Flunker-Tom«, sagten sie. »Es ist Flaute.«
Das ließ Flunker-Tom sich nicht zweimal sagen. Und weil er eine ganze Woche lang schweigend gesteuert hatte, flutschten ihm die Flunkergeschichten nur so aus dem Mund. Er flunkerte, dass sich die Masten bogen. Die Seeräuber saßen mit offenem Mund um ihn herum und hörten zu. Dabei merkten sie gar nicht, wie das Schiff immer näher an die Küste herantrieb, genau auf das Schiff von General Plumpudding zu. General Plumpudding war ein Seeräuberjäger und konnte sein Glück kaum fassen. Seelenruhig kletterten seine Soldaten an Bord und nahmen die gesamte Mannschaft fest. Nur Flunker-Tom nicht. Der flunkerte General Plumpudding flugs vor, er sei im Geheimauftrag der Königin unterwegs. Deshalb wurde er wieder freigelassen und flunkerte sich noch viele Jahre durch die Südsee.

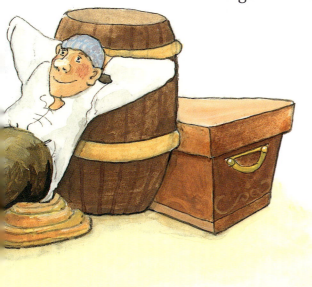

Käpten Alex trifft den weißen Wal

An einem grauen Sonntag im Mai beschließt Alexander, Seeräuber zu werden. Er macht sein Segelschiff, die »Schnelle Schachtel«, startklar und heuert eine Mannschaft an: Der Hund wird sein Steuermann. Hase und Maus sind die Matrosen. Und er selbst ist der Kapitän.
»Anker lichten!«, befiehlt er der Maus.
»Aye, aye, Käpten Alex!«, ruft Maus. Dann stechen sie auf dem Wohnzimmerteppich in See.
Der Hase klettert in den Ausguck. Käpten Alex steht an Deck und sucht mit dem Fernrohr das Meer ab.
»Kurs Nord-Nordwest!«, sagt er zum Steuermann. Zwischen dem Flimmerfelsen und den Sesselinseln sind häufig Schatzschiffe unterwegs, die Schokolade oder Plätzchen geladen haben. Die will er überfallen.

Plötzlich ruft der Hase im Ausguck: »Weißes Segel gesichtet. Es kommt schnell näher!« Es ist Alexanders kleiner Bruder Nick, der auch mitspielen will.
Käpten Alex richtet sein Fernrohr auf den weißen Fleck im Meer und sagt: »Das ist kein Segel! Es ist Moby Nick, der weiße Wal! Er wird das Schiff versenken! Nichts wie weg hier! Klar zur Wende!«
Aber da reckt Moby Nick entschlossen seinen dicken Windelhintern in die Luft und robbt los.
»Er greift an!«, schreit Käpten Alex. »Festhalten!«

Der Wal schießt aus dem Wasser und wirft sich gegen das Schiff. Dabei gibt er kleine spitze Schreie von sich, wie es weiße Wale manchmal tun, wenn sie angreifen. Die »Schnelle Schachtel« gerät gefährlich ins Schaukeln.
»Hase über Bord!«, meldet Maus. Hase ist aus dem Mastkorb gefallen. Moby Nick schnappt ihn sich. Dann schwimmt er davon.
Käpten Alex rauft sich die Haare. »Schiff leck und Matrose weg!«, seufzt er. »Ich glaube, wir gehen erst mal an der Sofaküste vor Anker und reparieren das Schiff!«

Überfall auf das Schnarchschiff

Die Sonne geht auf und wirft ihre ersten warmen Strahlen auf das Meer der Träume. Ruhig gleitet ein Schnarchschiff durch das Wasser. Da nähert sich vorsichtig, ganz vorsichtig, aus dem Hinterhalt ein Piratenschiff ...

»Alles klar zum Entern!« Die Schlafzimmertür fliegt auf und Jan stürmt herein. Er hat einen schwarzen Hut auf und schwingt den Gummisäbel, den er letztes Jahr zu Weihnachten bekommen hat. Mama und Papa setzen sich erschrocken im Bett auf.

»Hilfe, die Seeräuber kommen!«, ruft Mama und verkriecht sich ganz schnell unter der Bettdecke.

Maxi setzt sich auch im Bett auf. Eigentlich müsste sie ja in ihrem eigenen Bett liegen. Aber in Mamas und Papas Bett ist es viel gemütlicher.

»Ergebt euch, ich bin in der Überzahl!«, ruft Seeräuber Jan und springt aufs Bett.

»Was willst du, Schurke?«, donnert Papa. »Uns unseren kostbaren Schlaf rauben?«

»Euren Schlaf könnt ihr behalten!«, sagt der Seeräuber. »Ich will euren Schatz!«

Mama taucht wieder unter der Bettdecke auf.

»Etwa unseren kleinen, sommersprossigen Knuddelschatz hier?«, ruft sie entsetzt und strubbelt Maxi über den Kopf.

Maxi macht große Augen. Sie rutscht ein kleines Stück tiefer unter die Bettdecke.

»Genau den!« Jan wirft sich auf Maxi. »Her mit dem Schatz!«

Maxi kreischt.

»Du bist meine Gefangene!«, sagt Jan und zieht sie an den Füßen aus dem Bett.

»Nei-hi-hin!«, kichert Maxi und strampelt.

Mama und Papa heben die Hände. »Wir ergeben uns! Wir wollen unseren Schatz behalten!«
»Aber nur gegen Lösegeld!«, sagt Jan. »Drei Käsebrote und zwei Tassen Kakao!«
»Einverstanden!«, seufzt Mama.
»Und dann alle von Bord, aber dalli!«, befiehlt Seeräuber Jan. »Das Schiff gehört jetzt mir!«

»Gnade!«, stöhnt Papa. »Nur noch ein Viertelstündchen!«
Aber dann muss er doch aufstehen, denn an einem Sonntagmorgen kennt ein hungriger Seeräuber kein Erbarmen.

Karlchen im Krähennest

An Bord der »Seestern« war alles ruhig: Der Schiffsjunge und der Koch spielten Karten, der Steuermann popelte in der Nase und der Bootsmann lag auf dem Rücken und starrte Löcher in die Luft. »Psst!«, machte der Bootsmann plötzlich. »Hört ihr das?« Von oben, aus dem Krähennest, kam ein klägliches Maunzen.
Ins Krähennest kletterten die Seeräuber, wenn sie nach fremden Schiffen Ausschau hielten, denn von dort oben konnte man sehr weit gucken. Genau da saß Karlchen, der Schiffskater, jetzt. Er war ein wenig an Deck herumspaziert und dann war er den Mast hinaufgeklettert. Ein Kinderspiel für einen Kater. Aber nun traute er sich nicht mehr herunter.
»He, Paulchen!«, sagte der Bootsmann zum Schiffsjungen.
»Kletter hoch und hol ihn!«
»Sofort!«, sagte Paulchen und kletterte los. Ein Klacks für einen flinken Schiffsjungen wie ihn.

Im Nu war er oben und schnappte sich den Kater. Aber wie sollte er jetzt wieder herunterklettern?

Er brauchte doch seine beiden Arme, um den strampelnden Kater festzuhalten!

»Alles muss man selbst machen!«, knurrte der Bootsmann und kletterte hinterher. Keine Kunst für einen erfahrenen Seemann wie ihn. Aber wie sollte er wieder herunterkommen, wenn er mit dem einen Arm den Schiffsjungen festhalten musste, der den Kater trug?

»He, Steuermann!«, rief er. »Schick den Koch rauf! Wir brauchen noch einen Arm.«

Eine Weile später erwachte der Kapitän von lautem Geschrei.

»Donner und Doria!«, fluchte er, als er seine gesamte Mannschaft oben im Krähennest sitzen sah. Und was hatte der Kater da oben verloren? Der sollte doch Mäuse fangen und keine Vögel!

Der Kapitän band sich mit einem Seil einen Eimer auf den Rücken und kletterte nach oben. Dann setzte er den Kater in den Eimer und ließ ihn an dem Seil von oben herunter. Danach kletterte er, gefolgt von seinen Seeräubern, hinterher.

»Was seid ihr nur für Dummköpfe!«, schimpfte er dabei. »Ein Glück, dass ihr so einen schlauen Kapitän habt!«

Käpten Kucks Insel

Einmal erbeuteten Käpten Kuck und seine Seeräuber einen besonders wertvollen Schatz. Er war so wertvoll, dass Käpten Kuck ihn auf keinen Fall auf seinem Schiff behalten wollte.
»Am besten, wir vergraben den Schatz auf einer Insel!«, überlegte Käpten Kuck. »Aber eine ganz kleine und versteckte Insel muss es sein.«
Im letzten Winkel der Südsee fanden die Seeräuber schließlich eine winzige Insel, die auf keiner Seekarte verzeichnet war. Es stand nur eine einzige Palme darauf, neben einem einzigen Felsen, und sie war nicht größer als

das Gärtchen hinter dem Haus von Käpten Kucks Oma.

»Das ist der richtige Platz für unseren Schatz!«, jubelte Käpten Kuck. Die Piraten gruben ein großes Loch auf der Insel. Dort versenkten sie die Schatzkiste. Dann schütteten sie das Loch wieder zu.

Zur Sicherheit fertigte der Kapitän noch eine Schatzkarte an. Er zeichnete eine Insel mit einer Palme und einem Felsen. Genau dort, wo der Schatz vergraben war, machte er ein Kreuz.

Dann versteckte er die Schatzkarte in seiner Kajüte auf dem Schiff.

»So«, sagte er zufrieden. »Den klaut uns keiner.«

»Aber was ist«, fragte der Steuermann, »wenn wir die Insel nicht wiederfinden?«

»Recht hat er«, dachte der Kapitän. »Am besten, wir nehmen die Insel mit. Dann haben wir sie immer in Sichtweite.«

Die Piraten legten ein dickes Tau um die Insel. Das andere Ende befestigten sie an ihrem Schiff. Als der Wind kräftig in die Segel blies, tat es einen tüchtigen Ruck und die Piraten segelten los. Sieben Jahre lang durchkreuzte Käpten Kuck mit seiner Insel im Schlepptau die Karibik. Dann kam er in einen schweren Sturm, das dicke Tau riss und die Insel trieb mitsamt dem Schatz davon. Er hat sie niemals wiedergefunden. Aber du, du hast ja die Schatzkarte gesehen. Wenn du also einmal eine kleine schwimmende Insel triffst, dann weißt du, wo du graben musst.

Vom Bäcker, der Pirat werden wollte

Klaus war ein Bäcker. Den ganzen Tag lang stand er in der Backstube, rührte Schokoladenkuchenteig an und schob Brot in den Ofen. Aber viel lieber hätte er etwas anderes getan.«
»Ach, wäre ich doch ein Seeräuber!«, dachte Klaus oft. »Dann könnte ich übers Meer fahren und Abenteuer erleben.«
Eines Tages machte ein Seeräuberschiff im Hafen der Stadt fest. Klaus überlegte nicht lange, warf seine Bäckermütze in die Ecke und ging an Bord.
»Hier ist deine Ausrüstung, Landratte!«, sagte der Piratenkapitän und drückte ihm eine Augenklappe und einen Säbel in die Hand. Matrosen konnte er immer brauchen, deshalb fragte er nicht lange.
Kaum hatte das Schiff abgelegt und Klaus seine Nase in den Wind gehalten, da schickte der Kapitän ihn in den Ausguck. Von dort oben sah das Schiff sehr klein aus und die Welt schwankte bedrohlich hin und her. Klaus wurde es so schwindlig, dass er kopfüber in die See stürzte.
Die Seeräuber fischten ihn wieder heraus.
»Was bist du denn für ein Süßwasserpirat!«, polterte der Kapitän. »Ab in die Kombüse!«
In der Schiffsküche musste Klaus den ganzen Tag Kartoffeln schälen. Da er aber wegen der Augenklappe nur sehr schlecht sehen konnte, schnitt er sich dauernd in den Finger. Die Seeräuber mochten keine blutigen Kartoffeln. Deshalb kommandierte ihn der Kapitän wieder nach oben zum Deckschrubben. Zum Glück kam gerade ein Schiff vorbei, das die Piraten überfallen wollten. »Schwing deinen Säbel!«, befahl der Kapitän, als Klaus die Kanonenkugeln um die Ohren flogen.

Aber er bekam solche Angst, dass er sich im letzten Winkel des Laderaums verkroch. Dort versteckte er sich, bis die Piraten ihn vergessen hatten. Endlich legte das Seeräuberschiff wieder im Hafen der Stadt an.

Klaus dachte nicht lange nach, warf seine Augenklappe ins Meer und ging von Bord.
Er kehrte in seine Backstube zurück und wurde der beste Schokoladenkuchenbäcker der Stadt.

Selina und die Seeräuber

Im Sommer macht Selina zum ersten Mal mit ihren Eltern Ferien am Meer. Mit einem großen Schiff wollen sie zu einer Insel fahren.
»Nimm dich in Acht vor den Seeräubern!«, sagt der Mann am Fahrkartenschalter. Er trägt einen kleinen Ring im Ohr und sieht wild und gefährlich aus.
»Was sind Seeräuber?«, fragt Selina.
»Seeräuber sind wilde, gefährliche Kerle!«, sagt der Mann und blinzelt Selina zu.
»Und warum rauben sie Seen?«, fragt Selina.
»Ah!«, sagt der Mann und zeigt seine Zähne.
»Seeräuber rauben keine Seen. Und auch keine Teiche. Sie heißen Seeräuber, weil sie mit ihren Schiffen über die See fahren und andere Schiffe überfallen.«
»Und warum machen sie das?«
»Weil sie den anderen Leuten ihr Geld und ihre Schätze wegnehmen wollen.«
»Ach so!«, sagt Selina. »Du meinst Piraten!«
»Wir müssen jetzt weiter!«, drängelt Papa. »Sonst fährt das Schiff noch ohne uns ab!«
Er bezahlt die Fahrkarten, nimmt Selina an die Hand und geht mit ihr über eine Brücke auf das Schiff.
Als sie abends im Hotel sind, rufen Oma und Opa an.

»Stell dir mal vor«, erzählt Selina. »Wir sind mit einem Schiff gefahren, auf dem es echte Seeräuber gab.«
»Echte Seeräuber? Wie sahen sie denn aus?«
»Weiß ich nicht. Wir haben sie ja nicht gesehen. Papa wollte mir auf dem Schiff ein Eis kaufen und dann war sein Geld plötzlich gestohlen.«
»Und das waren die Seeräuber?«, fragt Oma.
»Meinst du nicht, dass es vielleicht ein Taschendieb war?«
»Ein Taschendieb? Nein, weißt du denn nicht, dass man ein Seeräuber ist, wenn man auf See anderen Leuten das Geld wegnimmt?«
»Ach, so ist das«, sagt Oma.
»Ja, und jetzt muss ich schlafen gehen. Mama will mir nämlich noch eine Seeräubergeschichte vorlesen. Gute Nacht, Oma!«

Käpten Kaos macht klar Schiff

Käpten Kaos war der faulste Pirat, der jemals die Totenkopfflagge gehisst hatte. Jedenfalls, solange er noch wusste, wo sie war. Denn an Bord seines Schiffes herrschte ein großes Durcheinander und die Flagge hatte schon lange niemand mehr gesehen.
»Unordnung an Bord ist gefährlich!«, bemerkte sein Bootsmann von Zeit zu Zeit.
Aber dann lachte Käpten Kaos bloß und sagte: »Ich bin doch nicht Seeräuber geworden, um aufzuräumen!«
Eines Tages kreuzte ein großes Frachtschiff ihren Weg.
»Schiff Steuerbord voraus!«, rief der Mann im Ausguck.
Käpten Kaos sprang aus der Hängematte. Dabei stolperte er über ein herumkullerndes Holzbein und schlug sich an der Reling einen Vorderzahn aus. »Feiffe!«, fluchte Käpten Kaos.
Sein Fernrohr konnte er auch nicht finden. Aber er sah auch ohne Fernrohr und ohne Vorderzahn, dass er fette Beute vor sich hatte.
»Alleff klarmachen fum Gefecht!«, brüllte er und ein wildes Rennen und Suchen nach den Säbeln und Pistolen begann.
Und wo, zum Klabautermann, steckten eigentlich die Enterhaken? Diesmal musste es wohl ohne Enterhaken gehen, denn das Schiff war schon sehr nah herangekommen.
»Fum Angrrrrr...!«, konnte Käpten Kaos noch brüllen. Dann rutschte er auf einer Bananenschale aus und fiel die Treppe zur Kombüse hinunter. Dort verhedderte er sich in einem Ankertau, und als er endlich wieder an Deck geklettert kam, war das Frachtschiff längst davongesegelt.
Eine geschlagene Stunde lang tobte der Piratenkapitän vor Wut. Dann sagte er gar nichts mehr, sondern

dachte lange nach. Das hatte er noch nie getan. Den Piraten wurde es angst und bange.

»Männer!«, sagte Käpten Kaos endlich entschlossen. »Die Feeräuberei iff kein Kinderfpiel. Deffalb müffen wir jetzt klar Fiff machen. An die Ffaubwedel, Piraten! Wer als Erffter die Enterhaken ffichtet, kriegt 'ne Buddel Rum!«

Fritzi Flunder macht Landurlaub

Fritzi Flunder liebte die See. Wenn das Schiff auf den Wellen tanzte und der Wind um den Mast heulte, wenn die Luft nach Salz schmeckte, die Möwen schrien und das Wasser an Deck schlug, dann war Fritzi Flunder glücklich. Aber einmal im Jahr, meistens kurz vor Weihnachten, bekam Fritzi Flunder Heimweh. Dann verordnete der Kapitän Fritzi Flunder Landurlaub.

Fritzi Flunder nahm ein Bad, schnitt sich die Haare, kaufte ein sauberes Hemd und eine neue Hose und ging die Eltern besuchen.

»Gott, wie bist du groß geworden!«, rief Mutter dann und weinte ein paar Freudentränen. Vater wunderte sich jedes Jahr über das seltsame Kopftuch und den Ohrring.

»Das trägt man heute so auf See!«, sagte Fritzi Flunder und verschlang fünfzehn Stücke von Mutters selbst gebackenem Kuchen.

Vater holte drei Gläser und eine Flasche, goss ein und fragte: »Und wie läuft es so?«

Dann erzählte Fritzi Flunder von dem hundertarmigen Seekraken und dem Kokosnuss-Weitwerf-Wettbewerb auf der Bananeninsel und wie ihr bei der Umsegelung von Kap Hoorn die Meerjungfrauen von einem Felsen aus zugewunken hatten.

»Was du alles erlebst!«, sagte Mutter. »Wenn es nicht wahr wäre, könnte man glatt denken, es wär gelogen!«

Als es dunkel wurde, zündete Mutter die Kerzen an und servierte das Abendessen. Danach stand Fritzi Flunder auf, seufzte und sagte: »Ich muss dann mal wieder!« Fritzi Flunder umarmte die Mutter ganz fest und der Vater klopfte Fritzi Flunder stolz auf die Schulter.

»Wie gut, dass sie nicht wissen, was ich wirklich tue!«, dachte Fritzi Flunder und wankte langsam im Schaukelgang der Seemänner davon. Die Eltern winkten Fritzi Flunder nach.

»Wer hätte gedacht, dass unsere Tochter mal unter die Seeräuber geht!«, sagte die Mutter dann zum Vater. »Also von mir hat sie das nicht!«

Aber das hörte Fritzi Flunder nicht mehr. Sie war schon auf dem Weg in ein neues Abenteuer.

Das Vorleseprogramm

ab 2 Jahren

Henriette Wich
Kleine Tier-Geschichten zum Vorlesen
Ab 2 Jahren
ISBN 978-3-7707-3964-6

Marliese Arold
Kleine Freundschafts-Geschichten zum Vorlesen
Ab 3 Jahren
ISBN 978-3-7707-2100-9

Henriette Wich
Kleine Spielplatz-Geschichten zum Vorlesen
Ab 2 Jahren
ISBN 978-3-7707-3971-4

Corinna Geisler
Kleine Kuschel-Geschichten zum Vorlesen
Ab 3 Jahren
ISBN 978-3-7707-3968-4

ab 3 Jahren

Henriette Wich
Kleine Traum-Geschichten zum Vorlesen
Ab 2 Jahren
ISBN 978-3-7707-3970-7

Sarah Bosse
Kleine Bauernhof-Geschichten zum Vorlesen
Ab 2 Jahren
ISBN 978-3-7707-2190-0

Antonia Michaelis
Kleine Lach-Geschichten zum Vorlesen
Ab 3 Jahren
ISBN 978-3-7707-3201-2

Weitere Informationen unter: **www.ellermann.de**

von ellermann

Vorlesen mit ellermann

Die schönsten Vorlesebücher für Kinder ab 2, 3 und 4 Jahren

Petra Steckelmann
Kleine Tierkinder-Geschichten zum Vorlesen
Ab 3 Jahren
ISBN 978-3-7707-3969-1

Frauke Nahrgang
Kleine Geschwister-Geschichten zum Vorlesen
Ab 4 Jahren
ISBN 978-3-7707-3330-9

Ingrid Kellner
Kleine Prinzessinnen-Geschichten zum Vorlesen
Ab 3 Jahren
ISBN 978-3-7707-2913-5

ab 4 Jahren

Isabel Abedi
Kleine Ferien-Geschichten zum Vorlesen
Ab 4 Jahren
ISBN 978-3-7707-2104-7

Maja von Vogel
Kleine Abenteuer-Geschichten zum Vorlesen
Ab 4 Jahren
ISBN 978-3-7707-3941-7

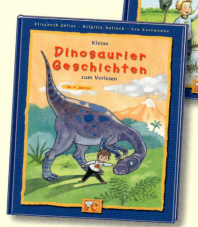

Elisabeth Zöller/Brigitte Kolloch
Kleine Dinosaurier-Geschichten zum Vorlesen
Ab 4 Jahren
ISBN 978-3-7707-2917-3